첫 공부

한글 숨은그림찾기

★ 가나다 ★

1일	**2**일	**3**일	**4**일	**5**일	**6**일
자음, 모음	가, 거, 고, 구, 그, 기	나, 너, 노, 누, 느, 니	다, 더, 도, 두, 드, 디	라, 러, 로, 루, 르, 리	마, 머, 모, 무, 므, 미

12일	**11**일	**10**일	**9**일	**8**일	**7**일
카, 커, 코, 쿠, 크, 키	차, 처, 초, 추, 츠, 치	자, 저, 조, 주, 즈, 지	아, 어, 오, 우, 으, 이	사, 서, 소, 수, 스, 시	바, 버, 보, 부, 브, 비

13일	**14**일	**15**일	완성!
타, 터, 토, 투, 트, 티	파, 퍼, 포, 푸, 프, 피	하, 허, 호, 후, 흐, 히	가~하 복습

가치잇다

1일

그림에서 자음을 찾아 ○ 하세요.

자음

ㄱ ㄴ ㄷ ㄹ ㅁ ㅂ ㅅ ㅇ ㅈ ㅊ ㅋ ㅌ ㅍ ㅎ

모음

ㅏ ㅑ ㅓ ㅕ ㅗ ㅛ ㅜ ㅠ ㅡ ㅣ

4

가

'가'를 따라 쓰고 '가' 글자를
모두 찾아 ○ 하세요.

가방

가   하   라   가
  가   아   다
나   나
  가   가   마
가 하   나
    타   가
가   라   차
  가   가   하
아   다   자   가
  사   카   다

가

'가' 글자가 있는 낱말을 읽고,
숨어 있는 '가' 낱말 그림을 찾아보세요.

가면	가지	가위
가방	가오리	가수

'가, 거, 고, 구, 그, 기'를 소리 내어 읽고,
같은 글자를 찾아 선을 이어 보세요.

가 거 고 구 그 기

거미

고슴도치

기차

가지

그네

구두

8

'가, 거, 고, 구, 그, 기' 차례대로
길을 따라가 보세요.

나

'나'를 따라 쓰고 '나' 글자를
모두 찾아 ○ 하세요.

나나

나무

나

‘나’ 글자가 있는 낱말을 읽고,
숨어 있는 ‘나’ 낱말 그림을 찾아보세요.

 나비  나팔 바나나

 누나 나무  개나리

'나, 너, 노, 누, 느, 니'를 소리 내어 읽고,
같은 글자를 찾아 선을 이어 보세요.

나 너 노 누 느 니

나비

너구리

느티나무

바구니

노루

비누

12

나, 너, 노
누, 느, 니

그림을 보고 바른 이름이 되는
글자를 찾아 ○ 하세요.

최고예요!

너 나 비

느 노 티나무

누 너 구리

노 나 루

비 누 느

바구 나 니

다

'다'를 따라 쓰고 '다' 글자를 모두 찾아 ○ 하세요.

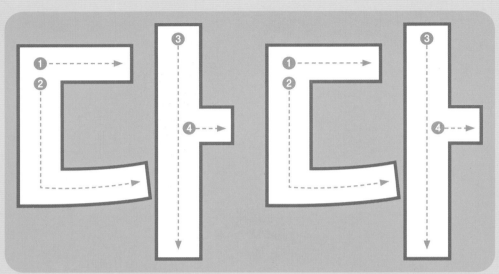

다람쥐

카	마	나	차
하	자	라	나
다	카	다	다
나	차	가	바
하	다	사	가
다	아	파	다
	카		

다

'다' 글자가 있는 낱말을 읽고,
숨어 있는 '다' 낱말 그림을 찾아보세요.

 다리	다람쥐	다리미
다섯	사다리	판다

'다, 더, 도, 두, 드, 디'를 소리 내어 읽고, 같은 글자를 찾아 선을 이어 보세요.

다 더 도 두 드 디

드 레스

더 위

멜로 디 언

도 넛

다 람쥐

두 더지

글자들 속에 '다, 더, 도, 두, 드, 디'가
1개씩 숨어 있어요. 모두 찾아 ○ 하세요.

가	누	구	나	디
노	ㅓㄱ	다	도	나
더	나	ㄷ	거	너
고	ㄷ	ㄴ	니	ㄱ
기	ㅓㄴ	가	ㅏㄴ	두

라

'라'를 따라 쓰고 '라' 글자를
모두 찾아 ○ 하세요.

라면

라 카 가 라
나 타 라 나 바 나
라 다 마 아 라 파 자
차 자 다 하 라 마 라
라 차 사 다

라

'라' 글자가 있는 낱말을 읽고,
숨어 있는 '라' 낱말 그림을 찾아보세요.

 라면	카메라	코알라
소라	라일락	고릴라

'라, 러, 로, 루, 르, 리'를 소리 내어 읽고,
같은 글자를 찾아 선을 이어 보세요.

라 러 로 루 르 리

라면

로켓

기러기

리본

노루

요구르트

라, 러, 로
루, 르, 리

빈 곳에 들어갈 알맞은 글자를
옆에서 찾아 ○ 하세요.

고릴☐

라 리 르
러 루 로

☐켓

리 로 라
르 러 루

노☐

러 라 로
리 루 르

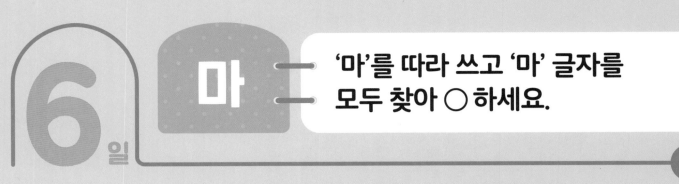

6일

마 — '마'를 따라 쓰고 '마' 글자를 모두 찾아 ○ 하세요.

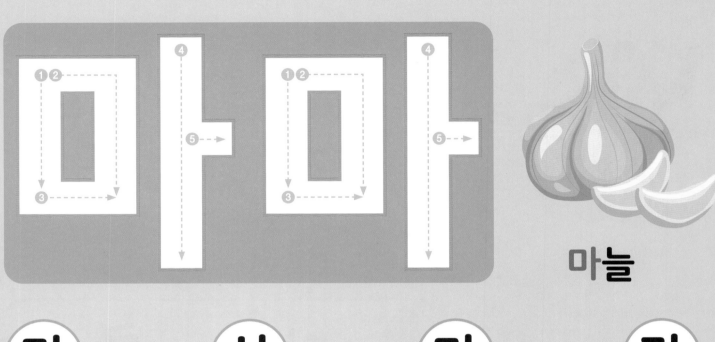

마늘

마 나 아 마

사 파 가 라 다

마 나 마 가 마

마 차 타 바

카 라 마 하 마 다

마

마

마

'마' 글자가 있는 낱말을 읽고,
숨어 있는 '마' 낱말 그림을 찾아보세요.

 마차　 고구마　 마늘

 치마　 마스크　 엄마

'마, 머, 모, 무, 므, 미'를 소리 내어 읽고,
같은 글자를 찾아 선을 이어 보세요.

마 머 모 무 므 미

할 머 니

마 차

무 당벌레

모 빌

거 미

오 므 라이스

빈칸에 들어갈 알맞은 글자에
○ 하고 따라 써 보세요.

참 잘했어요!

거 모 미

모 무 당벌레

무 모 빌

고구 마 미

오 무 므 라이스

할 마 머 니

바

바지

바　다　마　바

차　바　나　바　아　다　하

마　사　바　하　바　타　바

사　바　다　마　자　라　카

파　가　사

바

'바' 글자가 있는 낱말을 읽고,
숨어 있는 '바' 낱말 그림을 찾아보세요.

 바지

 바다

 바나나

 바위

 바구니

 바람개비

'바, 버, 보, 부, 브, 비'를 소리 내어 읽고,
같은 글자를 찾아 선을 이어 보세요.

바 버 보 부 브 비

바 지

보 석

코 브 라

부 채

비 둘기

버 섯

바, 버, 보 ── 글자를 따라가면 어떤 낱말이 될까요?
부, 브, 비 ── ○ 하고 따라 써 보세요.

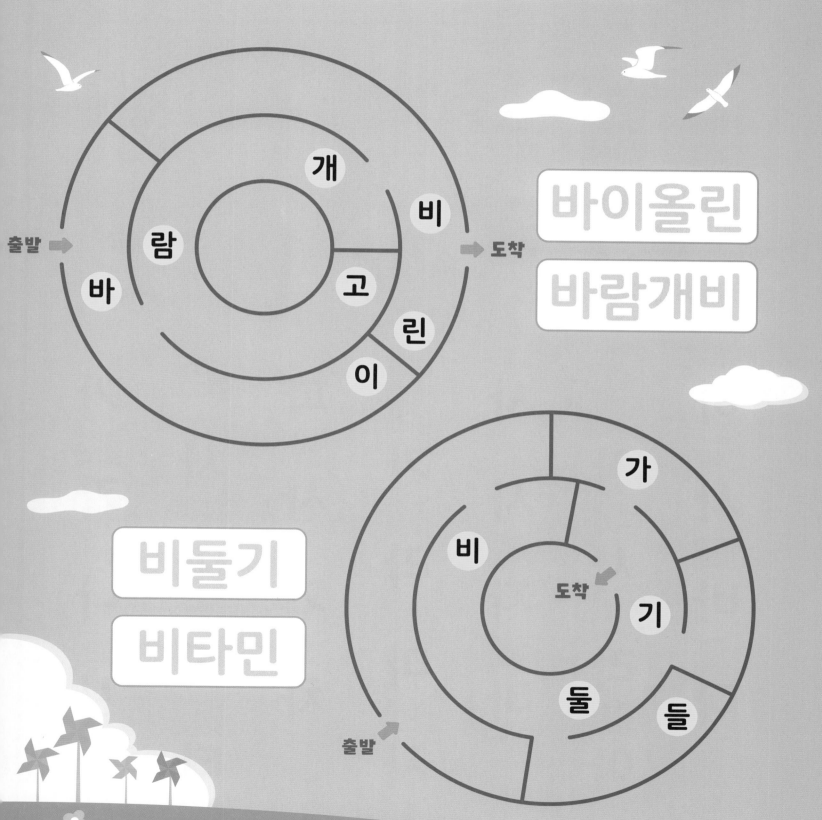

출발

개
비
람
바
고
린
이

도착

바이올린

바람개비

비둘기

비타민

가
비
기
둘
들

도착

출발

사

'사'를 따라 쓰고 '사' 글자를
모두 찾아 ○ 하세요.

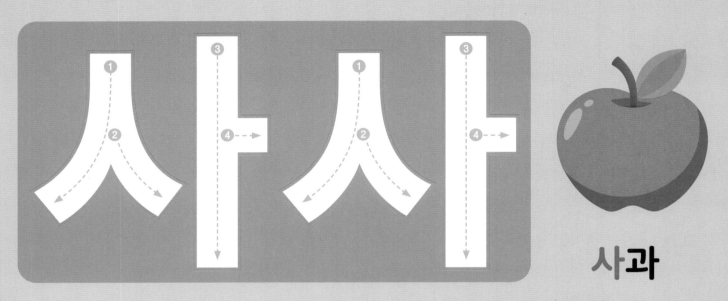

사과

하	사	파	가
아	가	사	카
사	사	사	아
바	자	라	나
라	바	가	마
다	아	마	사
		차	타
	사		

사

'사' 글자가 있는 낱말을 읽고,
숨어 있는 '사' 낱말 그림을 찾아보세요.

사과	사진	 사탕
의사	 사슴	사자

'사, 서, 소, 수, 스, 시'를 소리 내어 읽고,
같은 글자를 찾아 선을 이어 보세요.

사 서 소 수 스 시

스 케치북

사 자

수 박

시 소

소 방차

서 랍

그림의 이름을 또박또박 읽고
글자판에서 낱말을 찾아 ○ 하세요.

사자

서랍

소방차

사	스	수	박	소
자	사	서	랍	사
스	케	치	북	시
소	방	차	사	소

수박

스케치북

시소

아

'아'를 따라 쓰고 '아' 글자를 모두 찾아 ○ 하세요.

아기

아	파	타	카
나	타	아	아
파	자	나	라
아	하	바	사
	마	차	파
	가	하	다
	아	라	아
	파	아	하

아

'아' 글자가 있는 낱말을 읽고,
숨어 있는 '아' 낱말 그림을 찾아보세요.

아기	아파트	아이스크림
병아리	강아지	 아빠

'아, 어, 오, 우, 으, 이'를 소리 내어 읽고,
같은 글자를 찾아 선을 이어 보세요.

아 어 오 우 으 이

우유

어린이

으르렁

아빠

이불

오리

'아, 어, 오, 우, 으, 이'를 색칠하고
왼쪽 글자가 들어간 낱말에 ○ 하세요.

박수, 박수!

아
어
오
우
으
이

아빠　　엄마　　오빠

아이　　어린이　　오이

오리　　우리　　병아리

두유　　요구르트　　우유

여우　　으르렁　　야구

이불　　어부　　우산

37

자

'자'를 따라 쓰고 '자' 글자를
모두 찾아 ○ 하세요.

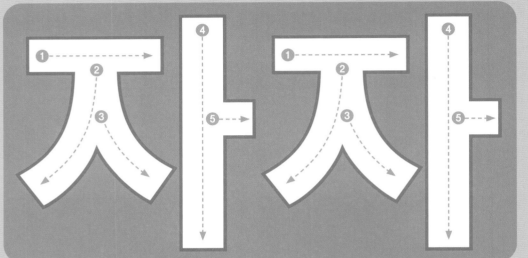

자전거

하   자   마   타

자   타   자   차   자   가   자

카   자   나   자   파   자   아

다   바   타   가   라   가   차

카   자   사

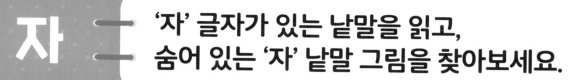

자 — '자' 글자가 있는 낱말을 읽고,
— 숨어 있는 '자' 낱말 그림을 찾아보세요.

| 자라 | 자전거 | 자장면 |
| 의자 | 자동차 | 자두 |

'자, 저, 조, 주, 즈, 지'를 소리 내어 읽고,
같은 글자를 찾아 선을 이어 보세요.

자 저 조 주 즈 지

치 **즈**

자 동차

주 사기

휴 **지**

저 금통

조 개

□동차

지 자 저

□금통

저 자 즈

□사기

조 주 즈

휴□

자 저 지

차

'차'를 따라 쓰고 '차' 글자를 모두 찾아 ○ 하세요.

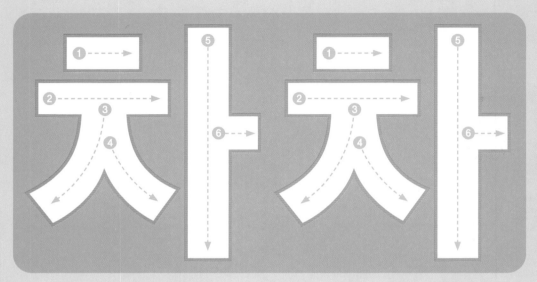

기차

사

자

차

아

아

차

차

차

아

차

하

카

마

차

라

자

나

카

차

차

차

카

사

아

다

차

바

타

파

차

'차' 글자가 있는 낱말을 읽고,
숨어 있는 '차' 낱말 그림을 찾아보세요.

 자동차

 녹차

 경찰차

 기차

 유모차

 구급차

'차, 처, 초, 추, 츠, 치'를 소리 내어 읽고,
같은 글자를 찾아 선을 이어 보세요.

차 처 초 추 츠 치

초콜릿

자동차

티셔츠

상처

치마

단추

차, 처, 초
추, 츠, 치

'차, 처, 초, 추, 츠, 치' 글자가 있는
자동차를 찾아 ○ 하세요.

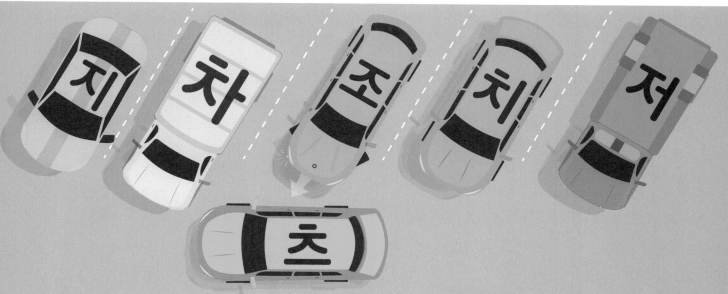

  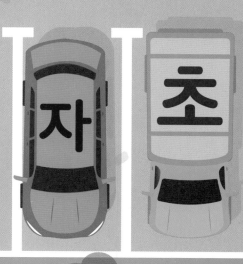

카 — '카'를 따라 쓰고 '카' 글자를 모두 찾아 ○ 하세요.

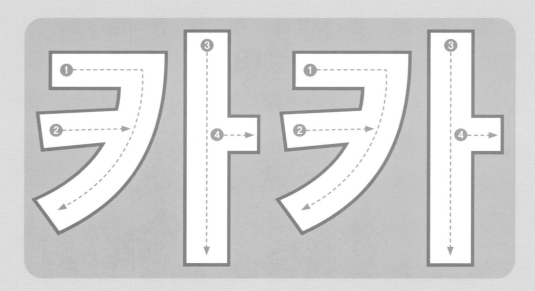

카메라

아	카	사	카
바	자	카	카
마		나	차
하	차	가	라
카	타	카	카
바	카	자	카
자	파		다
	다		아

카

'카' 글자가 있는 낱말을 읽고,
숨어 있는 '카' 낱말 그림을 찾아보세요.

 카메라   카드   카멜레온

 머리카락   카레   카네이션

'카, 커, 코, 쿠, 크, 키'를 소리 내어 읽고,
같은 글자를 찾아 선을 이어 보세요.

카 커 코 쿠 크 키

코 끼리

서 커 스

마이 크

쿠 키

카 네이션

키 위

두 낱말에 똑같이 들어간 글자를 찾아 ○ 하고, 선으로 이어 보세요.

대단해요!

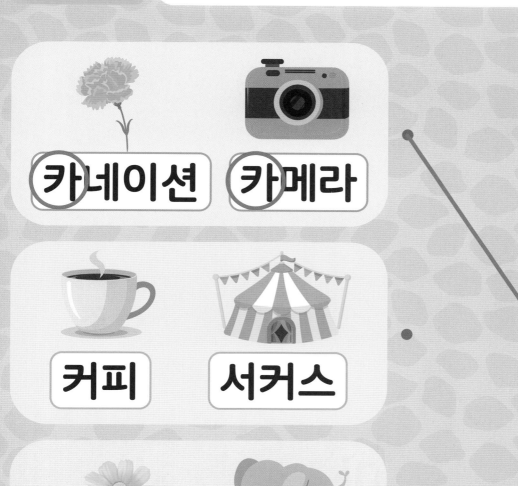

카네이션　**카**메라

커피　서커스

코스모스　코끼리

쿠키　쿠션

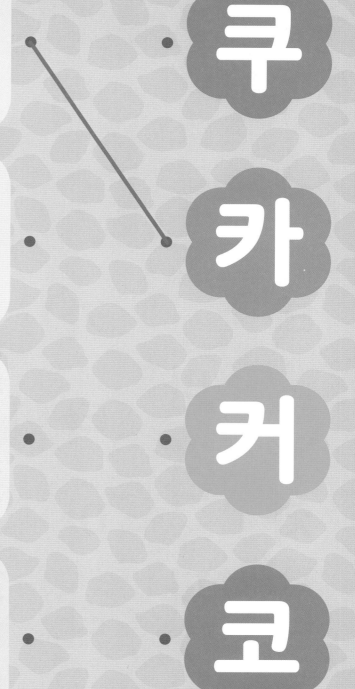

쿠

카

커

코

타

'타'를 따라 쓰고 '타' 글자를 모두 찾아 ○ 하세요.

타타

타조

타 카 가 타

마 타 아 자

파 타 타 라

차 나 카 아 하

타 아 바 타

파 자 타

타 사 파

타 — '타' 글자가 있는 낱말을 읽고,
숨어 있는 '타' 낱말 그림을 찾아보세요.

타조	타이어	 기타
낙타	넥타이	 치타

타, 터, 토
투, 트, 티

'타, 터, 토, 투, 트, 티'를 소리 내어 읽고,
같은 글자를 찾아 선을 이어 보세요.

타 터 토 투 트 티

타 이어

티 셔츠

놀이 터

도 토 리

권 투

트 럭

'타'와 '터' 글자가 적힌 공을
2개씩 찾아 ○ 하세요.

파

'파'를 따라 쓰고 '파' 글자를 모두 찾아 ○ 하세요.

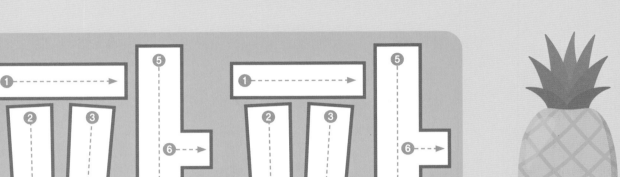

파인애플

파

'파' 글자가 있는 낱말을 읽고,
숨어 있는 '파' 낱말 그림을 찾아보세요.

 파인애플

 양파

 대파

 크레파스

 소파

 파랑

파, 퍼, 포
푸, 프, 피

'파, 퍼, 포, 푸, 프, 피'를 소리 내어 읽고,
같은 글자를 찾아 선을 이어 보세요.

파 퍼 포 푸 프 피

파 도

피 자

프 라이팬

샴 푸

슬리 퍼

포 도

두 낱말에 똑같이 들어간 글자에
○ 하고, 오른쪽 카드를 색칠하세요.

파인애플

파도

포도

포크

피아노

피자

피
파
포

포
푸
프

프
퍼
피

하 — '하'를 따라 쓰고 '하' 글자를
모두 찾아 ○ 하세요.

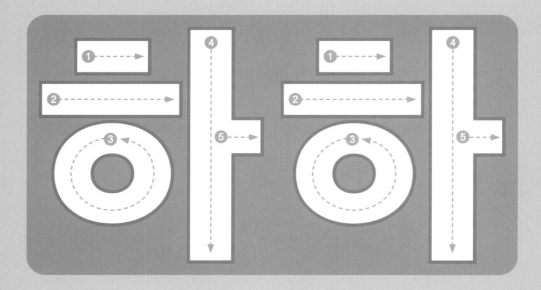

하마

하	바	하	라
가 하	카 나	사 하	카
차 카	파 하	마 아	하
하 타	하 다	타 파	카
바	다	차	

하

'하' 글자가 있는 낱말을 읽고,
숨어 있는 '하' 낱말 그림을 찾아보세요.

 하마

 하모니카

 하품

 하늘

 낙하산

 하트

'하, 허, 호, 후, 흐, 히'를 소리 내어 읽고,
같은 글자를 찾아 선을 이어 보세요.

하 허 호 후 흐 히

호떡

하 모니카

허 리띠

ㅎ 히읗

흐 림

후 추

하, 허, 호
후, 흐, 히

탐정이 단서를 찾고 있어요.
'하, 허, 호, 후, 흐, 히'를 찾아 ◯ 하세요.

완성!

낱말 모빌의 첫 글자가 같은
낱말끼리 같은 색으로 칠하세요.

아기
가방
하늘
바다
아파트
가지
바위
사과
하마
사진

62

가~하

흐린 글자를 따라 쓰며 택배 물건의
이름을 완성해 보세요.

가방

바나나

다리미

라면

고구마

바지

사과

아이스크림

자전거

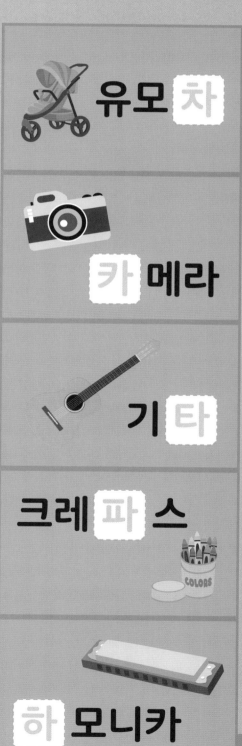

유모차

카메라

기타

크레파스

하모니카

정답

2쪽

3쪽

7쪽

가면		가지		가위	
가방		가오리		가수	

11쪽

나비		나팔		바나나	
누나		나무		개나리	

15쪽

다리		다람쥐		다리미	
다섯		사다리		판다	

19쪽

라면		카메라		코알라	
소라		라일락		고릴라	

23쪽

마차		고구마		마늘	
치마		마스크		엄마	

27쪽

바지		바다		바나나	
바위		바구니		바람개비	

31쪽

사과		사진		사탕	
의사		사슴		사자	

35쪽

아기		아파트		아이스크림	
병아리		강아지		아빠	

39쪽

자라		자전거		자장면	
의자		자동차		자두	

43쪽

자동차		녹차		경찰차	
기차		유모차		구급차	

47쪽

카메라		카드		카멜레온	
머리카락		카레		카네이션	

51쪽

타조		타이어		기타	
낙타		넥타이		치타	

55쪽

파인애플		양파		대파	
크레파스		소파		파랑	

59쪽

하마		하모니카		하품	
하늘		낙하산		하트	